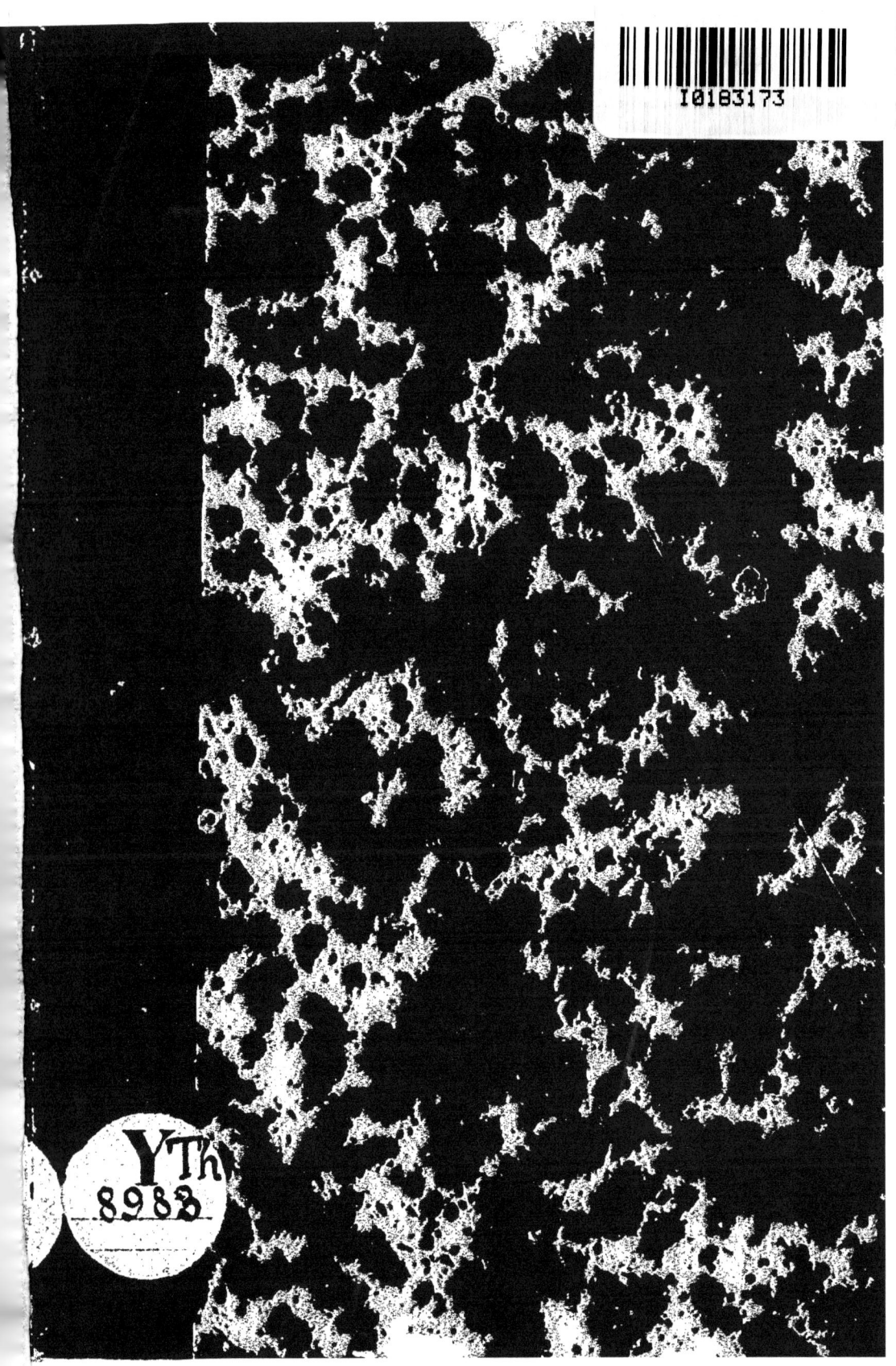

(Par Charles-Simon Favart, d'après B[...])

LES INDES DANSANTES,

PARODIE DES INDES *GALANTES*.

REPRÉSENTÉE POUR LA premiére fois, par les COMÉDIENS ITALIENS ordinaire du Roi, le Lundi 26 Juillet, 1751.

Prix 30 sols, avec les airs notés.

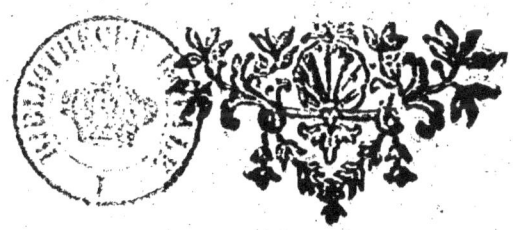

A PARIS,

Chez { La V. DELORMEL & fils, Imprimeur-Libraire de l'Académie-Royale de Musique, rue du Foin. Et PRAULT fils, Quai de Conti, à la Charité.

M. D. CC. LI.

AVEC PERMISSION.

LE TURC
GENEREUX,

PREMIERE ENTRÉE.

ACTEURS.

OSMAN, Bacha, *Arlequin*. M⁰ Carlin.

VALERE, *Amant* d'EMILIE. M⁰ Rochard.

EMILIE, *Amante* de VALERE. M⁰ Favart.

MATELOT. M⁰ Chanville.

MATELOTS, MATELOTTES.

LE TURC
GÉNÉREUX,
PREMIÉRE ENTRÉE.

Le Théâtre réprésente les Jardins d'Osman Bâcha, terminés par la Mer.

SCENE PREMIERE.
EMILIE.

Air: *Non je ne ferai pas*, &c.

C'EST Osman qui me suit, ne lui cachon
    plus rien
Pour arrêter son feu, découvrons lui le mien.
  Air: *Silvandre, avant que Lisette*.
Avec un Turc ordinaire,
Ce moyen serviroit peu,

A iij

Mais Osman est débonaire,
Je puis risquer cet aveu,
Un Bacha de cette espéce,
S'il apprend que j'aime ailleurs,
Aura bien la politesse,
De réprimer ses ardeurs.

SCENE II.

OSMAN, EMILIE.

OSMAN.

Air : *Au fond de mon caveau.*

ATCHOU, salamalek.
Mon ame à ton aspect
S'enflâme comme un myrthe sec,
Aurai-je le bonheur
D'avoir dans sa primeur
    La fleur
Du rosier de ton cœur ?
L'éclat de tes beaux yeux,
M'attire dans ces lieux,
    Ainsi que le Soleil
Attire les pleurs de l'Aurore,
    A son réveil :
Ton visage divin,
Peint la Lune en son plein,
Cet astre est moins brillant encore,
    Que n'est ton tein.

PARODIE.

Air : *Quelle sombre humeur, ma sœur ?*

Quelle sombre humeur,
  Mon cœur,
 En ma faveur,
Cherchez-vous l'ombre & le silence ?

EMILIE.

Non, je me plains fort,
  Du sort,
 Dont le couroux,
Me tient captive auprès de vous.

OSMAN.

Nº. 1. Air. *Est-c' que ça s' fait comme ça ?*

Est-c' que ça s' fait com' ça ?
Vous méprisez donc ma tendresse ?
Est-c' que ça s' fait com' ça ?
Savez-vous que je suis Bacha ?
 Da.

EMILIE.

Seigneur, excusez donc,
Je ne puis vaincre ma tristesse,
Seigneur, excusez donc,
Vous n'en savez pas la raison.

OSMAN.
Non.

EMILIE.

He bien, en quatre mots,
Voici l'histoire de mes maux.

LE TURC GÉNÉREUX,

Air : *Aimons nous jeune Témire.*

Sur les Côtes de Provence,
Aux lieux témoins de ma naissance,
Tout combloit mon espérance :
   O sort charmant,
  J'épousois mon Amant.

Air : *Un jour dans un plein repos.*

Sans prévoir aucun danger,
Nous ne songions qu'à rire,
Et tout sembloit protéger
Notre joyeux délire ;
On faisoit la noce en plein air,
Nous dansions au bord de la mer.

Air : *Eh guai, guai, guai Madame la mariée ?*

  Eh guai, guai, guai,
  Madam' la marié',
  Cli cla cla,
Lira liron fa fa fa....

Air : *Non rien n'est si fatiguant que l'emploi d'une Tourrière.*

Ah quel triste évenement !
Des Forbans, d'un air féroce,
Viennent fort impoliment,
Troubler le divertissement,
Pan pan pan pan pan pan pan,
  Sabrant les gens de la noce,
Pan pan pan pan pan pan pan.

Air : *Je suis un bon soldat titata.*

Sur ces insolens là,
   Titata,

PARODIE.

Mon fier époux s'élance;
Mais un de ces pervers,
D'un revers,
Le met hors de défence.

Air: *Plus inconstant que l'onde & le nuage.*

Je fais un cri,
Je maudis le barbare,
Qui me separe
D'un époux cheri.

Air: *Ma comère quand je danse.*

Ce Corsaire me remarque,
Et pour braver mon dépit,
Il ordonne qu'on m'embarque,
Auffitôt on me faifit,
L'un par ici, l'autre par-là....

Air: *Vous chiffonnez mon falbala.*

En agit'on comme cela,
Ah! méchans laiffez moi donc là,
Mais on répond à mes difcours:

Air: *Eh vogue la galere.*

Eh vogue la galére,
L'an lere, l'an lere, l'an lere,
Eh vogue la galére,
Et l'on rame toûjours.

OSMAN.

Air: *Trop de plaifir cher Tircis inquiéte.*
Je vous plains fort ma petite poulette.

LE TURC GÉNÉREUX,

EMILIE.

Momens si doux ah! que je vous regrette,
Sans ces Briguands, que j'étois satisfaite,
Ah! ah! la noce étoit faite.

OSMAN.

N°. 2. Air: *Chacun à l'sien.*

Pour un epoux si constament,
Doit-on verser des larmes?

EMILIE.

Mon époux étoit mon amant,
Qu'il rassembloit de charmes!

OSMAN.

Il avoit du merite, he bien?
Eh n'ai je pas le mien?
Chacun à l' sien,
Chacun à l' sien.

Air: *Il faut l'envoyer à l'école.*

Puisque tu ne dois plus revoir,
L'objet dont ton ame est éprise,
C'est sotise,
De pousser trop loin le devoir:
Avec l'espoir l'amour s'envole.
Adieu, retiens cette leçon;

(*Il sort*).

PARODIE.

EMILIE.

Adieu donc.
Il faut l'envoyer à l'école,

SCENE III.

EMILIE.

Air : *La mort de mon cher pere.*

LA mort de mon cher pere
M'a moins navré le cœur,
Que celle de Valere,
Objet de ma langueur.
Ah! ceux qui l'ont tué m'ont fait grand tort,
Mon cœur le voit vivant quoiqu'il soit mort.

Le Théatre s'obscurcit.

Air : *Enfans d' Paris.*

Quel bruit,
Subit !
La nuit
Le suit,
Les vents sont pêle-mêle,
Il pleut ici,
Il tonne aussi,
Il grêle,
Il grêle,

LE TURC GÉNÉREUX,

Air : *De mon berger volage.*

L'orage sur ma tête,
Redouble son effet,
Au bruit de la tempête,
S'accorde un flageolet,
Malgré tout le ravage,
Qui s'excite dans l'air,
Je veux sur ce rivage
Chanter un petit air.

Air : Les ondes de Couprin. *Je sens frémir les airs.*

Ces flots impétueux,
Où triomphe, l'orage,
Sont l'image
Des cœurs amoureux.

Air : *Voilà la différence.*

Le vent met l'onde en fureur,
L'Amour agite mon cœur.
Voilà la ressemblance,
Je verrai calmer ces flots ;
Sans voir la fin de mes maux,
Voilà la différence.

SCENE VI.
EMILIE, CHŒUR DE MATELOTS
qu'on ne voit point.

Un Vaisseau battu de la tempête, traverse le Théatre.

CHŒUR.

Air : *A boire, à boire, à boire.*

A L'aide, à l'aide, à l'aide,
A l'orage notre art céde.

EMILIE.

Un Vaisseau va périr au Port,
Souvent l'amour a même sort.

CHŒUR.

Air : *Culbute, culbute à jamais.* canon.

De quelle mort périrons nous,
Serons nous noiez par les flots en couroux,
Par le feu du tonnerre, brûlerons nous tous.

Le jour revient.

EMILIE.

Air : *La bonne avanture.*
Je partage tous leurs maux,
Mais je me rassure,

Car les flots
Sont en repos,
Cela vient bien à propos,
La bonne avanture o guai
La bonne avanture.

CHŒUR.

Air: *Gros nez, gros nez, canon.*

Dieux quels revers !
Quand nous échapons des mers,
Nous tombons ici dans les fers.

EMILIE.

Air : *A mon cœur dans ce séjour tout peint l'amour.*

Les voilà dans l'esclavage,
Ah quel domage
S'ils sont amans !
Dans tous les évenemens,
C'est l'amour seul que j'envisage ;
A mon cœur, dans ce séjour,
Tout peint l'amour,
Tout n'est qu'amour.

SCENE V.

EMILIE, VALERE.

EMILIE.

Air: *Le Seigneur Turc a raison.*

JE vois un de ces Captifs,
 Il se désespére ;
Un sentiment des plus vifs,
M'intéresse à sa misére ;
Informons nous de son sort :
Etranger, je vous plains fort....
O dieux ! c'est vous Valere.

VALERE.

Air: *Ah Pierre ! ah Pierre ! j'étois morte sans vous.*

Eh quoi ! c'est vous ma chere !

EMILIE.

Quoi Valere, c'est vous !

(*Ensemble.*)

De mon destin contraire,
 Je ne sens plus les coups.

LE TURC GÉNÉREUX,

VALERE.	EMILIE.
Machere,	Valere,
Ma chere,	Valere,
J'allois mourir fans vous.	J'étois morte fans vous.

VALERE.

Air: *Des pendus.*

Depuis qu'on nous a feparés,
Helas mes foupirs égarés,
Pour vous chercher courent le monde,
Nuit & jour ils faifoient la ronde;

EMILIE.

Quel difcours.

VALERE.

Je fuis fi furpris,
Que je ne fais ce que je dis.

EMILIE.

Air: *Amis fans regretter Paris.*

Enfin nous nous revoyons donc.

VALERE.

Mais je vous vois captive,

EMILIE.

Oui, nous avons même Patron.

VALERE.

PARODIE.

VALERE.
Ah! quel bonheur m'arrive.

EMILIE.

Air : *Contre un engagement.*

Seule j'ai cru gémir,
Du poids de mes difgraces,
Mon époux vient courir,
Dans les fers fur mes traces;
Eft-ce en portant ma chaîne,
Qu'il peut m'en foulager?
C'eft augmenter ma peine,
Que de la partager.

VALERE.

Air : *Au bord d'un clair ruiffeau.*

Ce jour eft pour mes feux,
D'un trop charmant préfage,
Il n'eft point d'efclavage
Quand l'amour eft heureux;
Aux maux que j'ai foufferts,
Succéde un bien fuprême,
Ah! près de ce qu'on aime,
On eft Roi dans les fers.

EMILIE.
Air : *Les filles de Montpellier.*

Cher époux, vous n'avez pas,

Tout à fait sujet de rire,
Apprenez mon embarras,
Le Bacha pour moi soupire.

VALERE.

Ahi, ahi, ahi,

EMILIE.

Air : *N'aurai-je jamais un amant, moi qui suis si jolie.*

Vous vous taisez.

VALERE.

O désespoir !
Ce Turc vous tient en son pouvoir,
Achevez.... je crains de savoir....
Oh ma chere Emilie,
Auriez-vous reçu le mouchoir ?
Vous êtes si jolie.

EMILIE.

Air : *L'eusse-tu cru.*

Non de barbare en barbare,
J'ai toujours eu le bonheur,
De conserver mon honneur.

VALERE.

Rien n'est plus rare.

EMILIE.

C'est que j'ai de la vertu,
L'eusse-tu cru ?

PARODIE.

Air : *J'avois cru que Colinet.*

J'ai reprimé le Patron,
Dont mes yeux font la conquête ;
Helas, ce Turc est si bon...
Est si bon.... qu'il en est bête.
Je l'appréhendois d'abord,
Je songeois à m'en deffendre,
Mais c'étoit lui faire tort,
Car il n'ose rien entreprendre.

VALERE.

Air : *Elle est favorable à mes vœux.*

Helas, dans ce climat sauvage,
Du sentiment fait on jouir ?
Le tribut du cœur s'y partage,
Le diviser c'est l'affoiblir,
Un Turc au sein d'un doux loisir,
Offre à vingt beautés son homage,
Chez lui l'amour sert par quartier,
Vous meritez un cœur entier.

Duo.

Nº 3. *Cor de Chasse Allemand.*

Aimons, aimons nous,
Malgré le fort jaloux
Dans nos ames,
Renfermons nos flames,
Que nos feux
Ne brillent qu'à nos yeux,
Aimons aimons nous,
Malgré le fort jaloux.

SCENE VI.

OSMAN, VALERE, EMILIE.

OSMAN.

N°. 4. Air : *Voilà mon instrument des champs.*

AH ! ah ! vraiment je vous entens
Tous deux je vous y prends.

EMILIE.

Air : *Ah ! que Colin l'autre jour me fit rire.*

C'est le Bacha.

VALERE.

Comment fuir sa colere.

EMILIE.

Tout est perdu !

OSMAN.

Quelle ardeur téméraire !
Tremblez, tremblez. Alla balla.
(*Il se met à rire*). Ah ah ah ah ah ah.

Air : *Ma chere Atalidaite.*

Embrassez-moi Valere,

PARODIE.

Soyez le bien venu,
Lure lu,
En mettant pied à terre,
Je vous ai reconnu,
Lure lu
Lurelu lerrela lanlere.

VALERE.

Ah,
C'est Osman.

OSMAN

Oui da.

Air: *Oh oh oh, ma foi voilà du fruit nouveau.*

J'ai fait charger votre équipage,
De macarons & de fromage,
Remontez sur votre Vaisseau.

VALERE.

Oh oh oh !

OSMAN.

Emmenez l'objet qui vous engage.

EMILIE & VALERE.

Ah ah ah.

OSMAN.

Vous attendiez-vous à cela.

Air: *Seigneur en verité vous avez bien de la bonté.*

Cher Seigneur vous m'avez traité,
Tout comme un de vos freres,
Oui, car vous m'avez racheté,
Quand j'étois aux galeres,
De votre générosité,
Envers vous ici je m'acquite,
Tout au plus vîte.

EMILIE & VALERE.

Seigneur en vérité
Vous avez bien de la bonté.

OSMAN.

Air: *C'est-ce qu'on n'a point vû de la vie.*

Détalez sans cérémonie.

VALERE.

Mais.....

OSMAN.

Point de si, de mais,
(*A Valere*) Adieu. (*A Emilie*) Bonsoir ma mie,
Comme un grand Heros je m'en vais;
Faites danser vos gens, je vous prie,
En mémoire de mes bienfaits.

SCENE VII.
VALERE, EMILIE.
Duo.

Air: *De Cythére assiegée. Brisons les armes, renversons les Autels.*

Jeunes Amans, avec nous
  Embarquez-vous,
Malgré les vents en couroux :
  Quand l'orage gronde
  Sur l'onde,
Bravez son effort ;
Souvent il nous seconde
Et nous conduit au port :
Pour voguer aux plaisirs,
N'attendons pas les zéphirs,
Les beaux jours,
Sur l'Occean des Amours,
Sont souvent dangereux,
Plus que les tems orageux.

DIVERTISSEMENT PROVENÇAL.

Il paroît un Vaisseau, orné de fleurs & de banderoles ; on voit sur le tillac une table couverte de mets & de rafraichessement ; des trompetes se font entendre à la proue & jouent des fanfares, tandis que les Matelots descendent deux à deux, & viennent danser sur le rivage.

VAUDEVILE.

Un Matelot.

Avec l'Amour embarquons nous,
Le vent est doux,
Les plaisirs seront du voyage,
Si par hazard il s'éleve un nuage,
N'ayez point peur,
Galant vogueur,
Cédez au tems
Quelques instans,
Le calme vient après l'orage.

Iris avoit parlé tout bas,
Au jeune Hilas,
Mon cœur en fut outré de rage,
Je la traitai d'ingratte, de voiage,
Sans m'écouter, ma chere Iris,
Me regarda, fit un souris,
Et ce souris calma l'orage.

Damon servoit une beauté,
Dont la fierté,
Prenoit toûjours un ton sauvage ;
Finissez donc, Monsieur, soiez plus sage ;
Elle se fache d'un baiser ;
Il en prend deux pour l'appaiser ;
Le beau tems vient après l'orage.

Fin du premier Acte.

LES INCAS

DU PEROU,

SECONDE ENTRE'E.

ACTEURS.

HUASCAR-INCA,   M^r. Rochard.

CARLOS, *Espagnol*,   Mlle. Aftraudi.

PHANI-PALLA,   Mme. Favart.

UN PERUVIEN, *Confident* D'HUASCAR,

PERUVIENS & PERUVIENNES.

LES INCAS
DU PEROU,
SECONDE ENTRÉE.

Le Théâtre repréfente un Défert du Perou, terminé par une Montagne aride, le fommet en eft couronné par la bouche d'un Volcan, formée de Rochers calcinés.

SCENE PREMIERE.
CARLOS, PHANI.
CARLOS.

Air : *Mon p'tit cœur vous ne m'aimez guére.*

SECOUEZ les préjugés
Dont vous bercent vos grands'meres,
Eh ! quoi toujours vous fongez
A des riens, à des miféres !
Des devoirs vous faites cas !

Mon pt'it cœur vous n' m'aimez guéres.

PHANI.

Excusez mon embarras.

CARLOS.

Hélas !
Vous ne m'aimez pas.

PHANI.

Air : *L'amour s'est fait chez ma mie.*

Je vous aime sans partage,
Vous déterminez mon choix ;
Mais quand mon cœur suit vos loix
A l'honneur il fait outrage.

CARLOS.

Eh je vous l'ai dit cent fois,
Phani, belle Princesse,
Ces propos sont trop Bourgeois,
Soutenez mieux, Noblesse.

PHANI.

Air : *Damon calmez votre colere.*

Je goute assez votre éloquence ;
Mais du penchant que j'ai pour vous,
Si mes Parens ont connoissance,
Vous m'exposez à leur couroux.

PARODIE.

CARLOS.

Bon, à l'insçu de la famille
Nous nous verrons.

PHANI.

On suit mes pas,
Et je crains trop nos fiers Incas;
Vous sçavez que quand on est fille,
On fait ce qu'on peut
Et non pas ce qu'on veut.

CARLOS.

Air: *Pour chanter un Duo quand l'amour nous rassemble.*

La fête du Soleil sur ces Monts les rassemble,
Que ne profitons-nous du trouble de leurs jeux ?
Derobez-vous, cherchez un sort heureux,
Loin d'eux :
Il faut partir ensemble.

PHANI.

Air : *Puisque pour vous je soupire.*

Fuir ensemble tête-à-tête !

CARLOS.

Quel mal y trouvez-vous donc ?

PHANI.

Parlez-vous tout de bon,

LES INCAS DU PÉROU,

Mais pour qui me prend t'on !
Je suis, Monsieur,
Princesse d'honneur.

CARLOS.

Vous faites l'enfant.

PHANI.

Eh mais vraiment,
C'est qu'une pareille proposition n'est point du tout honnête.

CARLOS.

N°. 5 Air : *de M. Exaudet.*

A mon ardeur
Livre ton cœur,
L'amour t'en presse,
C'est ta rigueur,
Cesse,
Laisse,
Laisse moi faire ton bonheur.
Hélas ! pourquoi
Ce vain effroi.

PHANI.

La médisance
Fait penser à soi.

CARLOS.

Croi

PARODIE.

Moi,
Rends toi,
Pour la décence,
Reçoi
Ma foi ;
Tes plaintes,
Mes craintes,
Nos soupirs
Vont céder aux plaisirs.

PHANI.

Air : Oui vous en feriez la folie.

Quoi je ferois cette folie.

CARLOS.

Fort fagement
Nous prendrons un arrangement.

PHANI.

Non non..
Ah le fripon,
Comment peut-on
Ecouter la raison ?
Laiffez-moi donc,
Car j'en ferois la folie.

CARLOS.

Foi d'Officier,
Mon but eft de nous marier.

LES INCAS DU PEROU,

PHANI.

Je m'en défie.

CARLOS.

Ma chere amie,
Veux tu me voir souffrir
Et languir,
Sans me guérir.

PHANI.
Ah !
Ma vertu dans tout cela
S'oublie :
Oui, j'en ferai donc la folie.

CARLOS.

Rien n'est si doux.

PHANI.

Mais il faudra s'en prendre à vous.

Air : *Mon Papa toute la nuit.*

Au plutôt tirez-moi donc
De ce séjour détestable.

CARLOS.

Bon, vous avez pris mon ton,
Ah ! je vous trouve adorable.

PHANI.

Enlevez, enlevez, enlevez-moi.

CARLOS.

PARODIE.

CARLOS.

Vous devenéz raisonable.

PHANI.

Enlevez, enlev ; enlevez moi,
J'ai compté sur votre foi.

CARLOS.

Air : *Le premier du mois de Janvier.*

Phani, bien loin de la trahir,
Je veux en tout vous obéir ;
Je n'ai de desirs que les vôtres.

PHANI.

Allez préparer ce qu'il faut ;
Et revenez tout au plutôt,
Accompagné de plusieurs autres.

N°. 6 Air : *Contredanse de M. Blaise.*

Ne manquez pas
D'amener vos soldats ;
Il faut de la prudence ;
Si mes parens
Font tantot les méchans
Rossez les d'importance ;
Mais gardez vous,
O mon cher Epoux,
De vous battre vous-même ;
Il faut songer

C

A vous menager
Pour celle qui vous aime.

SCENE II.

PHANI.

Air: *Ah! Maman que je l'échape belle.*

Viens Hymen hâte toi je t'implore,
Viens par ta douceur
Combler l'ardeur
Qui me dévore :
Viens m'unir au vainqueur que j'adore,
Fillette à quinze ans
Commence à compter les instans.

Si tu veux que mon cœur t'appartienne,
Himen, dès ce jour
Crains que l'amour
Ne te prévienne :
Il n'est rien qu'à la fin il n'obtienne,
Ce petit fournois
Fait métier d'excroquer tes droits.

Viens Hymen, hâte toi je t'implore,
Viens par ta douceur
Combler l'ardeur
Qui me dévore,

PARODIE.

Tes attraits sont des biens que j'ignore;
   Mais sans les gouter,
Il est permis de s'en douter.

SCENE III.

PHANI, HUASCAR,

Huascar, *à part.*

N°. 7 Air : *Apprenez par ma voix le vrai moyen de plaire.*

AUx accens de ma voix Phani prêtez l'oreille ;
Et vous allez savoir une grande merveille.

Air : *Je ne veux plus sortir de mon Caveau.*

Je viens ici de la part du Soleil :
Soumettez-vous à ce qu'il vous demande.
Je viens ici de la part du Soleil ;
Vous annoncer un honneur sans pareil :
  Ce Dieu pour vous
  A fait choix d'un Epoux.
Vous fremillez ! c'est le Ciel qui commande ;
  Sans refléchir,
   Princesse, il faut fléchir,
    Et balancer
    C'est l'offencer.

C ij

PHANI.

Air : *Je voudrois bien me marier.*

Le Soleil veut me marier.

HUASCAR.

Oui la chose est certaine.

PHANI.

Hélas, qu'il me fasse quartier.

HUASCAR.

La résistance est vaine.

PHANI.

Le Soleil veut me marier !
Il prend bien de la peine.

Air : *Ah ! voyez donc comme il s'y prend le drole.*

Au nom des Dieux, plus d'un fripon,
Bien souvent nous abuse.

HUASCAR, *à part.*

Il me paroît qu'elle en sait long.

PHANI.

Ah ! voyez donc,
Ah ! voyez donc,
Est-ce ainsi qu'on m'amuse ?

PARODIE.

HUASCAR.

Air : *Jeune Lisette prête moi cette houlette.*

Dieux quelle injure !
Vous m'accusez d'imposture ;
　　Le Ciel me vangera,
Le Soleil vous en punira.

PHANI.

Ah ! comme il dit cela ?
Ah ! comme on le craindra.
　　La feinte est ridicule.

HUASCAR.

L'amour leve le scrupule ;
Lui seul te rend incrédule,
Perfide, ton âme brûle
　　D'un feu discret.

PHANI.

Comment avez-vous fait
Pour savoir mon secret.

HUASCAR.

N°. 8 Air : *Vous me grondez d'un ton severe.*

Rougis de ta honteuse flâme,
Tantôt, je te suivois de loin,
J'ai remarqué malgré ton soin,
Qu'un Espagnol séduit ton ame.

LES INCAS DU PEROU,

PHANI.

Il reviendra ce soir, je crois,
Tenez, grondez moi pour deux fois.

HUASCAR.

Air : *Dans le fond d'une Ecurie.*

Non contens de l'avantage
D'avoir enlevé notre or,
Nos vainqueurs ont mi encor
Nos Princesses au pillage ;
Si j'en croyois ma fureur.....
Bientôt l'objet qui t'engage ;....
Si j'en croyois ma fureur....
Hélas que n'ai-je du cœur.

Air : *Entre l'amour & la raison.*

Respectez de pareils rivaux,
Faut il des miracles nouveaux,
Vous avez vu loin de la terre
Leurs Villes danser sur les eaux,
A travers de longs chalumeaux,
Ils savent souffler le Tonnere.

SCENE IV.

PHANI, HUASCAR, UN PERUVIEN.

HUASCAR.

Air : Un peu de tricherie.

Cachons le trouble qui m'agite,
On vient (*au Peruvien,*) écoute moi, va vîte.
(*à part.*) Nous allons voir du carillon.
Qu'un torrent de feu nous innonde,
Il y doit perir bien du monde ;
Mais quand on aime enten-t'on raison,
    Un peu de tricherie
      Dans la vie
Est toujours de saison.

LES INCAS DU PEROU,

SCENE V.
PHANI, HUASCAR, PERUVIENS ET PERUVIENES.

Marche des PERUVIENS, pour la fête du Soleil.

HUASCAR.
Air : Ah ! le bel oiseau Maman.

Peuple chantez le Soleil,
Qu'à vos voix l'écho réponde.

Avec le Chœur.

Brillant Soleil, brillant Soleil,
Tu n'eus jamais ton pareil.

Seul.

La chaleur de tes rayons,
Echaufe la terre & l'onde,
Et l'on n'iroit qu'à tantons
Si tu n'éclairois le monde.
Peuples chantez le Soleil
Qu'à vos voix l'écho reponde.

Avec le Chœur.

Brillant Soleil, brillant Soleil,
Tu n'eus jamais ton pareil.

PARODIE,
Seul.

Tu fais murir les raisins
Tu fais pousser les fougeres,
C'est toi qui chaufes les bains
Où folatrent nos Bergeres :
Peuple chantez le Soleil
Dont les faveurs sont si cheres.

Avec le Chœur.

Brillant Soleil, brillant Soleil,
Tu n'eus jamais ton pareil.

On danse avec des Parassols.

HUASCAR.

Air : C'est ce qui nous enrhume.

Chez nous il fait beau quand le Soleil luit,
Et quand il fait jour il n'est jamais nuit,
C'est assez la coutume :
Quand la chaleur cesse, le froid s'ensuit,
C'est ce qui nous enrhume.

Air ci-dessus.

Peuple chantez le Soleil
Dont les feux chassent la brume.

(Avec le Chœur.)

Brillant Soleil, brillant Soleil,
Tu n'eus jamais ton pareil.

LES INCAS DU PEROU,

HUASCAR.

Air : *Chacun à son tour, liron lirette.*

Dieu du jour souffre sans murmure
Que l'on partage tes honneurs,
Ta chaleur est à la nature
Ce que l'amour est à nos cœurs,
Grand Soleil que ta bonté permette
Que nous chantions aussi l'amour,
    Chacun à son tour,
    Liron lirette,
    Chacun à son tour.

VAUDEVILLE

Il est un âge où l'on s'ignore,
Le cœur ne peut rien voir encore,
    C'est une nuit :
Le tendre amour est notre aurore,
Sitôt qu'on voit ses feux éclore,
    Un beau jour luit.
Celle que j'aime est-elle absente,

PARODIE.

Hélas ! mon âme est languissante,
    C'est une nuit.
Sitôt que je la vois paroître,
Je sens, je sens, mon cœur renaître,
    Un beau jour luit.

On danse.

La fête est interrompuë par un tremblement de Terre.

CHOEUR.

Air : *Passant sur le Pont neuf entre minuit & onze.*

Quel tintamare affreux
Imite le Tonnerre !
Quel déluge de feux !
Quel tremblement de terre.

(*Tout le peuple se sauve.*)

SCENE VI.
HUASCAR, PHANI,

PHANI.

N°. 9 Air : *C'est la fille d'un Laboureur.*

Que de fracas, que de rumeurs !
Ah je me meurs ! ah je me meurs.

LES INCAS DU PEROU,

HUASCAR.

Ou courez-vous mon petit cœur.

PHANI.

Ah j'ai grand' peur ! ah j'ai grand' peur,
La terre tremble.

HUASCAR.

Restons ensemble.

PHANI.

J'ai peur aussi de vous Monsieur.

HUASCAR.

Air : *Mari' salisson est en colere.*

Vraiment le Soleil est en colere,
Oh, oh, toure louribo !
Vous avez sçu lui déplaire.

PHANI, (*voulant s'enfuir.*)

Oh, oh......

HUASCAR, (*l'arrêtant.*)

Air : *Toujours seule disoit Nina.*

Je ne puis rien gagner sur toi,
Cruelle écoute moi.

PHANI.

Quoi.

PARODIE. 45

HUASCAR.

Ton mépris me rend furieux,
Je te suis odieux;
Dieux !
Mon amour n'entend plus raison.

PHANI.

Fripon, vous vous demasquez donc.

HUASCAR.

Tu me suivras.

PHANI.

Quel embarras !

HUASCAR.

Viens...

―――――――――――――

SCENE VII.

HUASCAR, CARLOS, PHANI.

CARLOS, *(arrêtant HUASCAR.)*

Alte là ?
Me voilà !

PHANI.

Là.

PHANI, à CARLOS.

Air : *La haut sur ces Montagnes.*

Du haut de ces Montagnes,
Voyez rouler ces feux ;
Ils vont dans nos campagnes
Faire un ravage affreux.
Du Ciel est-ce un présage.

CARLOS.

Ces flâmes sont l'ouvrage
De ce lâche imposteur ;
La cause en est Physique,
Il faut que je l'explique
Pour vous tirer d'erreur.

Air : *Pan, pan, pan ; la poudre prend.*

Avez-vous battu le briquet ?
C'est à peu près le même effet :
Quand un caillou tombe en ce goufre,
Le coup fait allumer du soufre ;
Pan, pan, pan, la flâme prend,
Tout est en feu dans un instant.

PHANI.

N°. 26 Air : *Mi mi fa ré mi, chantez mon ami.*

Vengez vous de la malice,
Du plus sot de vos rivaux.

PARODIE.

CARLOS.

Inventons quelque supplice.

PHANI.

Qu'un Duo comble ses maux ;
Chantez mon ami,
Mi mi fa ré mi,
Mi mi fa ré sol,
Mon cher Espagnol.

PHANI, CARLOS, HUASCAR.

Air : *Laisse moi Tircis.*

PHANI, & CARLOS. { Goutons la douceur
D'un tendre esclavage,
L'amour enchaîne mon cœur.

Un charme vainqueur
M'attire, m'engage,
M'ennyvre au sein du bonheur!

HUASCAR, *en même tems.*

Quel cruel outrage,
La fureur
Devore mon cœur;
Quelle douleur,
Non rien n'égale ma rage.
L'amour comble leur ardeur,
Je vois avec horreur
Leur bonheur.

SCENE VIII.
HUASCAR.

Air, & paroles de l'Opéra.

LA flâme se rallume encore,
Loin de l'éviter je l'implore.

Air : C'est un Moineau.

Quelle valeur
Succéde à ma peur !
Faisons voir de la vigueur,
Mon fier transport
Va braver le sort
Et la mort.
Oui, terminons sans retour
Ma foiblesse & mon amour;
Je suis trop sot pour voir encor le jour,
Abimons-nous
En amant jaloux,
Dans ces feux étincelans.

Air, & paroles de l'Opéra.

Tombez sur moi Rochers brulans.
Il se précipite dans le Volcan.

FIN.

LES FLEURS,

TROISIÉME ENTRÉE

D

ACTEURS.

FATIME   Mme. Dehesse.
ATALIDE   Mlle. Astraudi.
TACMAS   M^r. Chanville.
ROXANE   Mme. Favart.

BOSTANGIS & ODALIQUES.

LES FLEURS,
TROISIE'ME ENTRE'E
Le Théâtre représente les Jardins de Tacmas.

SCENE PREMIERE.

ROXANE, FATIME *en habit d'homme.*

FATIME.
Air : *Ah, ah, vous avez bon air.*

ME trouve-tu bien en homme,

ROXANE.

Fort bien, vous aurez la pomme.
Ces charmes que l'on renome
Feront leur effet ;
Ah vous avez bon air   (*ter*)
Bon air tout-à-fait.

D ij

LES FLEURS,

Air : *J'en jure par vos yeux.*

Mais sous cet attirail,
Fatimé vous allez troubler tout le Sérail ;
On va crier au loup dans ce galant bercail.

FATIME.

Air : *La Fortune ainsi que l'Amour.*

Apprends que la Fête des Fleurs
Qui sera tantôt célébrée,
De ces Jardins permet l'entrée.

ROXANE.

Mais cela n'est point dans nos mœurs.

Air : *Il faut suivre la mode.*

J'ai cru que des Sérails Persans,
En tout tems on gardoit l'enceinte ;
Que mille Eunuques surveillans
Nous tenoient toujours dans la crainte ;
Les Musulmans. . . . .

FATIME.

    Tous ces gens-là
A Paris ont fait un voyage ;
Depuis qu'ils ont vû l'Opéra,
Ils ont changé d'usage.

ROXANE.

Air : *La jeune Lizette sur le bord d'un ruisseau.*

Mais à quoi bon Fatime,
Ce travertissement.

FATIME.

Certain soupçon m'anime,

PARODIE. 53

Qu'on est folle en aimant !
Car c'est une jalousie
    De fantaisie,
Qui me vient brusquement,
Je ne sçai trop comment.

Air : *Mon petit doigt me l'a dit.*

On dit qu'Atalide est belle,
Tacmas peut m'être infidéle.

ROXANE.

Non, vous possédez son cœur.
Un vain soupçon vous irrite;
Vous êtes sa favorite,
Goûtez mieux votre bonheur.

FATIME.

Air: *De France & de Navarre.*

Je veux sous ce déguisement,
Observer ma rivale,
Et si Tacmas est son Amant......

ROXANE.

C'est faire un vain scandale;
Mais la voilà qui vient à nous.

FATIME.

Hélas ! Qu'elle est jolie.

LES FLEURS,

ROXANE.

Adieu, vous pouvez entre-vous
Disputer de folie.

SCENE II.
ATALIDE, FATIME.

ATALIDE.

N°. 10. *Contredanse du Carnaval du Parnasse.*

Qu'on me blâme
Tant que l'on voudra,
Mais chacun saura
Mon amoureuse flâme,
　Le silence
Pourroit m'étouffer,
De la bienséance
Je dois triompher.
J'instruirai de mon secret
　Quelque indiscret ;
　Mais qu'importe,
L'ardeur du caquet m'emporte.
　　(*à Fatime.*)
Vous êtes le bien venu,
　Jeune inconnu ;
Apprenez qu'un doux vainqueur,
　Soumet mon cœur.
Qu'on me blâme
Tant que l'on voudra ;
Mais chacun saura
Mon amoureuse flâme,

PARODIE. 55

Par la gêne,
Pourquoi s'affliger !
Raconter sa peine,
C'est la soulager.

Air : *Quel plaisir quand on s'aime bien.*

Etes-vous connu de Tacmas. (bis)

FATIME.

Ma belle Enfant n'en doutez pas,
Je suis à son service.

ATALIDE.

Hé bien, c'est mon Amant.

FATIME.

      Hélas !

ATALIDE.

Me serez-vous propice.

FATIME.

Air : *A quoi s'occupe Madelon.*

Votre Amant n'est qu'un inconstant,
Il partage
Son homage;
Un galant qui voltige tant,
Ne peut rendre un cœur content.

LES FLEURS,

ATALIDE,

Mineur.

Mon Amant
N'est point inconstant,
Il n'estime
Que Fatime.

FATIME. (*l'interrompant.*)

Nº. 11. Air: *Eh! L'on l'an la toureloure.*

O! Ciel, que dites-vous!
Ah! Mon cœur se ranime.

(*A part*)

ATALIDE.

Croyez-en mon couroux.

FATIME.

Il n'aime que Fatime! o gué,
Eh lon lan la tourelourelouriré,
Eh lon lan la toureloure.

ATALIDE.

Air: *Un Officier, deux Officiers.*

Atalide observons-nous mieux,
J'apperçois notre maître.

SCENE III.
ATALIDE, FATIME, TACMAS.

TACMAS.

Que vois-je! Quel audacieux
Ose en ces lieux paroître!
Fatime! Quoi! C'est vous?

ATALIDE.

C'est ma Rivale! sauvons-nous.
Ah! Que le tour est traître.

SCENE DERNIERE.
TACMAS, FATIME.

TACMAS.

Air : *C'est une excuse.*

Mais que veut dire cet habit,

FATIME.

La jalousie & le dépit
M'inspiroient une ruse :
Je voulois observer vos pas.

TACMAS.

Vous doutez du cœur de Tacmas?

LES FLEURS,

Mauvaise excuse.

Air : *J'vous prêtrai mon manchon.*

Sur quoi donc prenez-vous ombrage ?
Mon amour propre en est blessé ;
Sans vous rendre un sincere homage,
Jamais un jour ne s'est passé ;
Vous m'avez-vû toujours d'un même zéle,
Pour prouver mon ardeur fidéle ;
   Là répondez donc,
   Mon cher trognon,
   Dit oui ou non ;
Convenez-vous de ça.

FATIME.

Eh ! Mais ouida.

TACMAS.

Ah ! Vous convenez de ça.

Air : *Le Démon malicieux & fin.*

Jouissez du destin le plus doux,
Mon amour n'est content qu'avec vous.

FATIME.

Ah ! Bientôt l'Amour content someille,
Il est bercé dans les bras des plaisirs ;
Il n'est rien alors qui le réveille
Que l'inconstance & de nouvaux désirs.

PARODIE.

TACMAS.
Air : *O reguingué.*

Votre crainte est sans fondement,
Fatime parlez franchement,
Sans doute ce déguisement,
Renferme quelqu'autre mistere.

FATIME.

Eh bien, je vais être sincere.

N°. 12. Air : *La Coquette.*

J'ai pris l'habit d'homme,
N'ayant rien à faire de mieux ;
Seigneur, voilà comme
J'éguaye un Sérail ennuyeux :
Nous cherchons des amusemens,
Pour remplir ici les momens ;
Car pendant qu'avec soin on apprête
Une Fête,
Il faut bien tuer le tems.

TACMAS.

Air : *Les regards sont les premiers traits.*
(Du Ballet des Sens.)

Ton excuse est dans tes beaux yeux,
Et mon cœur a pris ta défence ;
Un regard, hélas, te sert mieux
Que tous les traits d'une vive éloquence :
Ton excuse est dans tes beaux yeux,
Et mon cœur a pris ta défence.

LES FLEURS,

TACMAS.

Air : *Turlurette.*

Voyons la Fête des Fleurs,
Sans que rien trouble nos cœurs ;
Touche la, la paix est faite.

(*Ensemble*).

Turlurette,
Turlurette, la tanturlurette.

FATIME.

Air : *La liberté d'elle-même est charmante.*
Mille beautés comme des fleurs nouvelles,
Dans ce Jardin à vos yeux vont s'offrir.

TACMAS.

Que craignez-vous.

FATIME.

L'Amour porte des ailes,
N'imitez pas le volage Zéphir ;
Le plaisir,
L'inconstance légere,
Vont voltiger sur ce joli parterre ;
Gardez-vous bien d'y rien cueillir.

FATIME & TACMAS.

DUO.

Air : *Ah mon cher ami que j'aime.*

Ah { Mon cher ami } Que j'aime, que j'aime,
   { Ma chere enfant }
Que j'aime.

PARODIE.

Aimons nous toujours, de même, de même;
De même,
Près de toi je sens un plaisir extrême;
Tu seras toujours
Mes beaux jours.   (*fin.*)
Le repos,
Calme les flots,
Après un triste orage;
Ton ardeur,
Calme mon cœur,
C'est la paix du ménage.

Ah { Mon cher ami } Que j't'aime, &c.
   { Ma chere enfant }   (*au mot fin.*)

FIN.

LA FESTE
DES FLEURS.

La Ferme s'ouvre, on voit un Parterre orné de Fleurs de différentes espèces distribuées par touffes.

ENTRÉE DES BOSTANGIS.

VAUDEVILLE.

UNE ODALIQUE.

IL n'est qu'un tems pour la tendresse,
On ne voit des Fleurs qu'au Printems ;
La Roze renaît tous les ans,
Sans retour on perd la jeunesse :
Tendres Amans, profitez des beaux jours,
Cueillez des Fleurs au Jardin des Amours.

Souvent sans parler on exprime

LA FESTE DES FLEURS.

Le tendre langage du cœur,
Et sous l'emblême d'une Fleur,
L'Amant peint l'espoir qui l'anime:
Jeunes Amans profitez des beaux jours;
Cueillez des Fleurs au Jardin des Amours.

Un petit Jardinier s'approche en dansant, d'un buisson de rozes pour en cueillir, il en sort un Serpent qui le poursuit jusque sur un arbre: les Bostangis assomment le Serpent, & se réjouissent.

UNE ODALIQUE.

VAUDEVILLE.

On court souvent trop de danger
    A s'engager,
Au plaisir le penchant nous méne;
Mais il ne faut que l'effleurer,
    Sans s'y livrer:
Il est trop voisin de la peine;
Craignez, craignez, jeunes cœurs,
Le Serpent caché sous les Fleurs.

L'Amour a des attraits flateurs,
    Mais séducteurs;
Et l'on a peine à s'en défendre.

Quand le fripon vient d'un air doux,
      A nos genoux,
C'est afin de nous mieux surprendre :
Craignez, craignez, jeunes cœurs,
Le Serpent caché sous les Fleurs.

Temire alloit chaque matin,
      Au bois voisin,
Du Printems respirer les charmes ;
Mais un jour j'entendis des cris,
      Et d'un taillis,
Je la vis sortir toute en larmes.
Craignez, craignez, jeunes cœurs,
Le Serpent caché sous les Fleurs.

Iris trouve un Enfant un jour,
      C'étoit l'amour ;
Elle en prend soin sans le connoître :
C'est un piége qu'Amour lui tend ;
      Tout en pleurant,
Sous ses doigts il rioit, le traître.
Craignez, craignez, jeunes cœurs, &c.

                            L'imprudente

L'imprudente Iris qui le croit
    Tranfi de froid,
Dans fon fein l'échauffe & l'anime;
L'ingrat qui fe voit careffer,
    L'ofe bleffer;
Ce cruel en fait fa victime.
Craignez, craignez, jeunes cœurs,
Le Serpent caché fous les Fleurs.

Les Boſtangis veulent cueillir des Fleurs; un orage s'éléve & ravage le Jardin.

UNE ODALIQUE.

Comme une Fleur,
Brille une Belle;
De la Rofe nouvelle,
Elle a la fraîcheur;
Mais par malheur,
L'éclat s'efface,
La Beauté paffe
Comme une Fleur.

Il faut cueillir
L'aimable roze,
Si-tôt qu'elle est écloze ;
Mais sans la flétrir :
Du doux plaisir,
C'est une image,
Qui le ménage
En fait jouir.

Les Bostangis tâchent de réparer le domage, ils arrôsent le Jardin, on voit naître une plante qui produit successivement des feuilles, des boutons, des Fleurs & enfin l'Amour. Entrée de l'Amour qui ranime les Fleurs ; elles sortent des buissons personifiés ; de jeunes Odaliques qui les représentent, ont chacune à la main la Fleur qu'elle caractérise ; l'Amour forme un Bouquet & le présente à Tacmas ; ce Prince le reçoit & le donne à sa favorite.

TACMAS.

AIR.

Tacmas en ce moment heureux,
Reçoit les vœux

LA FESTE DES FLEURS.

Dont ce Bouquet peint l'assemblage,
De leurs ardeurs, Fatime * c'est le gage;
Prenez, prenez, ces tendres Fleurs,
Que le tribut de tous les cœurs
    Ajoute un prix à mon homage.

* A Fatime, montrant les Odaliques.

Dès que Tacmas a déclaré son choix, les Bostangis se joignent aux Odaliques pour le célébrer.

UNE ODALIQUE.

Air : *Hanneton vole, vole, vole; il y a un maître à ton Ecole.*

Papillon, vole, vole, vole,
L'Amour s'instruit à ton Ecole,
Près d'une fleur il batifole,
La flétrit & puis s'envole.

BALLET GENERAL.

FIN.

APPROBATION.

J'Ai lû par Ordre de Monseigneur le Chancelier : *Les Indes Dansantes*, *Parodie des Indes Galantes*, & n'y ai rien trouvé qui puisse en empêcher l'Impression. A Paris, ce 6 Août 1751, CREBILLON.

AIRS,
de la Parodie
des Indes Galantes.

Est c'que ça s'fait com'ça

Chacun a l'sien.

www.ingramcontent.com/pod-product-compliance
Lightning Source LLC
LaVergne TN
LVHW052059090426
835512LV00036B/2250